BEI GRIN MACHT SICH IHR WISSEN BEZAHLT

- Wir veröffentlichen Ihre Hausarbeit, Bachelor- und Masterarbeit

- Ihr eigenes eBook und Buch - weltweit in allen wichtigen Shops

- Verdienen Sie an jedem Verkauf

Jetzt bei www.GRIN.com hochladen und kostenlos publizieren

Bibliografische Information der Deutschen Nationalbibliothek:

Die Deutsche Bibliothek verzeichnet diese Publikation in der Deutschen National-bibliografie; detaillierte bibliografische Daten sind im Internet über http://dnb.d-nb.de/ abrufbar.

Dieses Werk sowie alle darin enthaltenen einzelnen Beiträge und Abbildungen sind urheberrechtlich geschützt. Jede Verwertung, die nicht ausdrücklich vom Urheberrechtsschutz zugelassen ist, bedarf der vorherigen Zustimmung des Verlages. Das gilt insbesondere für Vervielfältigungen, Bearbeitungen, Übersetzungen, Mikroverfilmungen, Auswertungen durch Datenbanken und für die Einspeicherung und Verarbeitung in elektronische Systeme. Alle Rechte, auch die des auszugsweisen Nachdrucks, der fotomechanischen Wiedergabe (einschließlich Mikrokopie) sowie der Auswertung durch Datenbanken oder ähnliche Einrichtungen, vorbehalten.

Impressum:

Copyright © 2016 GRIN Verlag
Druck und Bindung: Books on Demand GmbH, Norderstedt Germany
ISBN: 9783668863200

Dieses Buch bei GRIN:

https://www.grin.com/document/452477

Moritz Geissler

La Terreur. Die Schreckensherrschaft der Jakobiner

GRIN Verlag

GRIN - Your knowledge has value

Der GRIN Verlag publiziert seit 1998 wissenschaftliche Arbeiten von Studenten, Hochschullehrern und anderen Akademikern als eBook und gedrucktes Buch. Die Verlagswebsite www.grin.com ist die ideale Plattform zur Veröffentlichung von Hausarbeiten, Abschlussarbeiten, wissenschaftlichen Aufsätzen, Dissertationen und Fachbüchern.

Besuchen Sie uns im Internet:

http://www.grin.com/

http://www.facebook.com/grincom

http://www.twitter.com/grin_com

1. Einleitung

Die Französische Revolution wird in der Geschichtsschreibung in drei Phasen gegliedert. Die erste Phase, Errichtung und Sturz der konstitutionellen Monarchie, wird von dem Sturm auf die Bastille am 14. Juli 1789, bis zum Zusammentritt des Konvents am 21. September 1792, gerechnet. Die Konventsherrschaft der Girondisten und Jakobiner, vom September 1792 bis Juli 1794, gilt als die zweite und die „bürgerliche Republik", von 1794 bis 1799, als die dritte Phase der Französischen Revolution.[1]

Die Herrschaft der Jakobiner begann mit dem Sturz der Girondisten am 2. Juni 1793 und dauerte bis zur Hinrichtung ihres bedeutendsten Vertreters Maximilien Robespierre am 28. Juli 1794. Sie umfasste damit den letzten Teil der zweiten Revolutionsphase.

Die Schreckensherrschaft, auch bekannt als „La Terreur", war nur eine kurze Periode der Französischen Revolution. Sie war gekennzeichnet durch die brutale Unterdrückung und Massentötung aller konterrevolutionär Verdächtigen und forderte bis zu 40 000 Todesopfer. Angesichts der Brutalität der Schreckensherrschaft stellt sich die Frage: Waren die Terrormaßnahmen der Jakobiner notwendig, um die Französische Revolution aufrechtzuerhalten?

Zur Beantwortung dieser Frage werde ich die Ursachen, Hintergründe und die zeitlichen Zusammenhänge der Geschehnisse beschreiben, die zu diesem dunklen Kapitel der Französischen Revolution führten. Und im letzten Abschnitt der Arbeit werde ich auf die zum Teil sehr kontroverse Beurteilung der Revolutions-geschichtschreibung über die Schreckensherrschaft der Jakobiner eingehen.

---

[1] http://universal_lexikon.deacademic.com: Französische Revolution, S.2, Stand 10. 07. 2015

2.Der Aufstand vom 10. August, die „Zweite Revolution"

2.1 Der Sturz der konstitutionellen Monarchie

Die konstitutionelle Monarchie, begründet auf der Verfassung vom 3. September 1791, war von Anbeginn an durch die gegenrevolutionären Machenschaften des Königs gefährdet. Zunächst hatte er ins Ausland zu fliehen versucht, war aber am 21. Juli 1791 nahe der Landesgrenze verhaftet worden. Schließlich kollaborierte er mit emigrierten Anhängern und ausländischen Aristokraten und wollte mit deren Hilfe und der des Auslandes, die vorrevolutionären Zustände wiederherstellen.[2] Auf dieses Ziel wurde auch von den europäischen Monarchien hingearbeitet, die ihr Staatssystem durch die Französische Revolution bedroht sahen.

Aber auch die französischen Revolutionäre, vor allem die Girondisten, traten für einen Krieg ein, um die Freiheit im eigenen Lande zu festigen. So kam es, dass König Ludwig XVI., auf Drängen der Girondisten, der Nationalversammlung vorschlug, Österreich den Krieg zu erklären.

Im Juli 1792 betrat nach der österreichischen, auch die mit Österreich verbündete preußische Armee, unter Ferdinand, Herzog von Braunschweig, den Kriegsschau-platz. Nach dem preußischen Einmarsch setzte die Gesetzgebende Versammlung am 11. Juli 1792 den Notstandsparagraphen der Verfassung in Kraft, der das königliche Veto auszuschalten erlaubte. Sie erklärte das „Vaterland in Gefahr". Alle Verwaltungskörperschaften tagten in Permanenz, alle Nationalgardisten wurden zu den Waffen gerufen und neue Freiwilligenbataillone wurden ausgehoben.[3] Aber der Volksbewegung waren diese Maßnahmen immer noch zu wenig. Schließlich brachte das bekannt gewordene Manifest des Herzogs von Braunschweig die Wut des Pariser Volkes zum Überlaufen. Das Manifest bedrohte die Nationalgarde und alle die mit dem Tode, die es wagen würden, sich gegen die Invasion zu verteidigen. Und schon für den Fall, dass dem König oder einem Mitglied seiner Familie „die geringste Beleidigung" zugefügt werde,

---

[2] Kuhn, Axel: Die Französische Revolution, Stuttgart 1999, S. 86
[3] Markov, Walter / Soboul, Albert: Die Große Revolution der Franzosen, Köln 1989, S. 146

kündigte der Herzog eine „beispiellose und ewig unvergessliche Rache„ an. Man werde „die Stadt Paris brandschatzen und dem Erdboden gleichmachen".[4]

Die Drohung bewirkte jedoch das Gegenteil von Einschüchterung. Am 10. August 1792 stürmte das Pariser Volk, unterstützt von den Föderierten aus den Departements, die Tuilerien, das Stadtschloss des Königs.

2.2 Die erste Schreckensherrschaft

Mit der erfolgreichen „zweiten Revolution", wie der Aufstand vom 10. August 1792 auch genannt wurde, begann die zweite Phase der Französischen Revolution. Zwei Tage nach dem Aufstand zog die Nationalversammlung Konsequenzen: Die Parlamentarier beschlossen, den König seines Amtes zu entheben und samt seiner Familie in einem einst von Tempelrittern erbauten Turm, *Temple*, festzuhalten.

Nach der Amtsenthebung des Königs herrschte eine Art Übergangsdiktatur. Die faktische Macht teilten sich drei Instanzen: die revolutionäre Stadtverwaltung von Paris, genannt *Commune*, die Legislative und der „provisorische Vollzugsrat."[5]

Die Bedrohung von außen hatte die Radikalisierung der Revolution im Innern zur Folge. Am 26. August erfuhr die Hauptstadt die kampflose Übergabe der Festung Longwy an die Preußen. Gleichzeitig verbreitete sich die Nachricht von einer royalistischen Revolte in der Vendée. Der Feind war überall. Am 2. September folgte die Einschließung Verduns, der letzten Festung zwischen Grenze und Paris.[6]

Die *Commune* erließ sofort einen Aufruf an die Pariser: „ Zu den Waffen, Bürger, der Feind steht vor unseren Toren!"[7] In dieser überhitzten Atmosphäre wuchs auch die Nervosität. Die Freiwilligen waren im Begriff, an die Front zu ziehen, bis es hieß, Paris nicht eher zu verlassen, ehe sie nicht mit den Volksfeinden abgerechnet hätten.

So fiel am 2. September 1792 eine entfesselte Menge über die Pariser Gefängnisse her, wo sie die konterrevolutionären Bundesgenossen der äußeren Feinde

---

[4] Sontheimer, Michael: Die Revolution frisst ihre Kinder, in: Spiegel Geschichte 1/2010, S. 101
[5] Markov / Soboul, a. a. O., S. 153
[6] Markov / Soboul, a. a. O., S. 154
[7] ebd., S. 154

Frankreichs vermutete. Bei den berüchtigten „Septembermorden" wurden die Häftlinge teils nach hastiger Verurteilung durch Volkstribunale umgebracht oder auch wahllos abgeschlachtet. Insgesamt wurden zwischen dem 2. und 6. September um die 1300 unter den Gefängnisinsassen zu Tode gebracht. Darunter waren fast drei Viertel der Opfer aus ganz unpolitischen Gründen inhaftiert und waren keineswegs Revolutionsfeinde und Verräter.[8]

Die Chronologie der Ereignisse der ersten Schreckensherrschaft zeigt, wie die innenpolitische Entwicklung und der Kriegsverlauf miteinander verbunden waren.[9] Die preußische Invasion hatte schwerste Gefahr nicht nur heraufbeschworen, sie wurde von den Volksmassen auch als solche empfunden. Zur national bedingten Furcht gesellte sich die Angst um das Schicksal der Revolution.[10]

3. Die Konventsherrschaft der Girondisten und der Jakobiner

Am 21. September 1792 wurde der nach allgemeinem Stimmrecht gewählte Konvent eröffnet. Die Abschaffung des Königtums wurde einhellig beschlossen und die Französische Republik ausgerufen.

Der Konvent hatte 754 Abgeordnete und zusätzlich 28 Mitglieder aus den Kolonien.[11] Organisierte Parteien gab es im Konvent nicht, sondern eher Richtungen mit ungenauem Grenzverlauf, die zwei Generalstäben folgten: Gironde und Montagne (Bergpartei).[12]

Als der Konvent sich zum ersten Mal versammelte, nahmen die Girondisten im amphitheatralisch gebauten Sitzungssaal auf der rechten Seite Platz. Alles, was jakobinisch war, setzte sich auf die linke Seite, wo die Sitzreihen steil anstiegen, und sich deshalb fortan Bergpartei, *Montagne*, nannten. Zwischen beiden Fraktionen residierte, meist schweigend, eine Gruppe unentschiedener Abgeordneter, oft als *Plaine* (Ebene) oder *Marais* (Morast) bezeichnet. Die

---

[8] ebd., S. 155
[9] Kuhn, a. a. O.,1999, S. 97
[10] Markov / Soboul, a. a. O., S. 155
[11] Schulin, Ernst: Die Französische Revolution, München 1988, S. 196
[12] Markov / Soboul, a. a. O., S. 166

eigentlichen Helden der Revolutionsschlachten, die Sansculotten, waren lediglich durch zwei, zur *Montagne* stehenden Arbeiter vertreten.[13]

Um die Entwicklung der Französischen Revolution bis hin zur Schreckensherrschaft der Jakobiner besser zu verstehen, werden nachfolgend die wichtigsten politischen Gruppierungen dargestellt.

3.1 Girondisten

Die Girondisten, die gemäßigten Republikaner der Revolution, wurden nach den einflussreichen Abgeordneten aus dem Departement Gironde so benannt. Zu ihren bekanntesten Führern gehörten P. Vergniaud, J. P. Brissot und J. M. Roland. Sie waren seit dem 10. August 1792 („der Zweiten Revolution") die herrschende Partei. Bei der Eröffnung des Konvents stellten sie die Mehrheit und besetzten die Schlüsselpositionen, aber in kurzer Zeit verloren sie allmählich die Macht an die jakobinische Bergpartei.

Die Girondisten waren meist Vertreter des liberalen Bürgertums der Provinzen und bestanden zum großen Teil aus aufgeklärten, wohlhabenden und gebildeten Bürgern. Die Girondisten wollten die soziale Hierarchie bewahren und betrachteten das schrankenlose Recht auf Eigentum als ein unantastbares Natur- und Grundrecht.[14] Ihre politische Machtbasis hatten sie eher auf dem Land als in der Hauptstadt und waren deshalb - im Gegensatz zu den Jakobinern - Befürworter der Dezentralisation und Gegner der Machtkonzentration im politischen Zentrum Paris.

3.2 Jakobiner

Als „Jakobiner" bezeichnete man ursprünglich die Mitglieder desjenigen Pariser Revolutionsklubs, die sich seit Anfang Oktober 1789 in dem, nach dem heiligen Jakob benannten, Dominikanerkloster trafen. Er war schon im April 1789 in Versailles von 44 Abgeordneten aus der Bretagne als „*Club breton*" gegründet worden und nannte sich nach der Übersiedlung nach Paris „Gesellschaft der Verfassungsfreunde", „*Société des amis de la constitution*"; allgemein genannt,

---

[13] Markov / Soboul, a. a. O., S. 159f
[14] Markov / Soboul, a. a. O., S. 160

der Jakobinerklub.[15] Die Jakobiner waren fest organisiert und sie schufen ein Korrespondenznetz mit den Klubs und Gesellschaften, die sich in den meisten größeren Provinzstädten gebildet hatten, wo sie durch Zeitungen, Flugblätter und Reden auf die öffentliche Meinung einwirken konnten.

Die Mitglieder des Klubs waren im Allgemeinen begüterte Geschäftsleute und Akademiker, „die militanteste Schicht der revolutionären Bourgeoisie in ganz Frankreich."[16] Die Sozialstruktur der Mitglieder verschob sich ab 1793 zugunsten der mittleren und niederen Schichten. Auch die im Klub dominierenden Vorstellungen veränderten sich.

„Da die Revolution ein großer Lernprozess war, änderten auch langjährige Klubmitglieder ihre ursprünglichen politischen Anschauungen. So war z.B. Robespierre noch bis 1791 Monarchist und gegenüber sozialen Fragen uninteressiert."[17]

Nach dem Ausscheiden der gemäßigten *Feuillants* wurde der Klub seit 1791 zum Stoßtrupp der Republikaner. Der Klub wurde zunächst von den Girondisten beherrscht, deren radikaldemokratische Gegner aber zunehmend an Bedeutung gewannen, so dass diese die Girondisten, unter Führung von Robespierre, verdrängen konnten.[18]

Ziel der Jakobiner war die Erschaffung einer Republik in einem geeinten, zentralistischen Frankreich, mit einer geplanten Wirtschaft mit Höchstpreisen. Anhänger der Jakobiner waren vor allem Arbeiter und Kleinbürger, also das einfache Volk.

Unter den zahlreichen politischen Klubs hatte eine Sektion des Jakobinerklubs, die *Cordeliers*, (Franziskaner, „Strickträger"), eine besondere Bedeutung. Sie stützten sich auf die untersten Volksmassen und waren radikaler. „Es war ein regelrechter Kampfklub."[19] Die *Cordeliers* betrachteten es als ihre Aufgabe, die Missbräuche der öffentlichen Gewalt anzuzeigen und über die Wahrung der Menschenrechte zu achten. Sie wurden darum auch das „Auge der Wachsamkeit"

---

[15] Schulin, a. a. O., S. 87
[16] Markov / Soboul, a. a. O., S. 78
[17] Kuhn, a. a. O., S. 110
[18] Jakobiner, in: Brockhaus Die Enzyklopädie, Bd. 11, Leipzig; Mannheim, 1997, S. 91
[19] Schulin, a. a. O., S. 90

genannt. Ihre bekanntesten Führer waren Danton, Desmoulins und Marat.[20] Sie betrieben besonders den Sturz des Königtums und die Errichtung der Republik. Während des Konvents teilten sie sich die Herrschaft mit den Jakobinern, indem sie mit diesen die Bergpartei bildeten.[21]

3.3 Sansculotten

„*Les sansculottes*" war in der Französischen Revolution ursprünglich ein Spottname für Revolutionäre, die im Unterschied zur aristokratischen Mode nicht Kniehosen, *culottes*, sondern lange Hosen trugen. Im Laufe der Zeit entwickelte sich dieser Name zum Synonym von radikalen Revolutionären, die mit zunehmender Militanz gegen den Hof, gegen Handel und Kapital waren und für egalitäre Ziele fochten. Sie rekrutierten sich vor allem aus dem Kleinbürgertum, Kleinhändler, Handwerker und ihre Gesellen, Tagelöhnern; das „niedere Volk".[22]

Durch ihre Radikalität trugen die Sansculotten wesentlich zum Aufstieg der *Montagnards* bei. Sie hatten die Revolution, von ihren ersten Tagen an, begleitet; als Aufständische, Demonstranten, Barrikadenkämpfer und Soldaten. Im Gegensatz zu den Jakobinern hatten die Sansculotten keine feste Organisation. Plattformen ihrer Wirksamkeit waren Sektionsversammlungen von Paris.[23] Aus dieser *Commune* kam auch Danton, der als Justizminister nach dem Sturz des Königs am 10. August bis zum 6. Oktober 1972 einer der populärsten Politiker der Französischen Revolution wurde.

---

[20] ebd., S. 90
[21] Cordeliers, in: Meyers Konversations - Lexikon, Bd. 4, 1886, S. 270
[22] Schulin, a. a. O., S. 200
[23] Kuhn, a. a. O., S. 123

4. Schreckensherrschaft der Jakobiner

4.1 Der Sturz der Girondisten

„Die Hinrichtung Ludwigs XVI. war der Anfang der vielleicht greulichsten anderthalb Jahre der Französischen Geschichte."[24]

Für die europäischen Monarchien, die seit Anfang 1793 gegen Frankreich im Krieg standen, war der Königsmord der Anlass zur europäischen Koalition. Die militärischen Misserfolge der neuen Republik ließen nicht lange auf sich warten. Es drohte eine erneute Invasion der Republik. Zu allem Überfluss lief im April 1793 der Lieblingsgeneral der Gironde, Demouriez, zu den Österreichern über. Dieser Verrat blieb an der Gironde hängen.

Durch die englische Blockade, die den französischen Handel weitgehend lahmgelegt hatte, verschärfte sich auch die Wirtschaftskrise. Zunehmende Hungersnot war die Folge. Es kam zur Radikalisierung Frankreichs, wie schon einmal im August 1792 und damit zur Schwächung der Girondisten.[25] Auch im Inneren regte sich Widerstand. In verschiedenen Departements kam es zur offenen Rebellion gegen die Republik. Schließlich brachte das im Februar 1793 erlassene Gesetz zur Aushebung von 300 000 freiwilligen Soldaten, um den Ansturm der Alliierten abzuwehren, die Vendée zur Explosion.

Der Aufstand in der Vendée ging von eidverweigernden Priestern und verarmten Bauern aus. Es kam zur Bürgerkriegshandlungen und Niedermetzlungen. In wenigen Wochen soll es zu etwa 500 Opfern unter republikanischen Bürgern gekommen sein. Zu den Aufständischen kamen bald Royalisten hinzu, um sich an die Spitze zu stellen. Sie wollten die Monarchie wiederherstellen. Der Aufstand dauerte bis Dezember 1793 und trug die Gefahr der landesweiten Ausbreitung in sich.[26]

Am 15. April 1793 brachten 35 Pariser Sektionen, angeführt von Sansculotten, eine Petition gegen die Girondisten ein, um alle Mitschuldigen an dem Verrat von Demouriez und wegen der Hungersnot zur Verantwortung zu ziehen.

---

[24] Schulin, a. a. O., S. 205
[25] Schulin, a. a. O., S. 206
[26] ebd.

So kam es zur „Dritten Revolution". Am 31. Mai wurde der Konvent durch bewaffnete Sansculotten umstellt, die die Verhaftung von 22 Girondisten forderten. Beim ersten Mal schlug dies fehl und die Aktion wurde daraufhin am 2. Juni mit Kanonen wiederholt. Das war das Ende der Girondisten.

4.2 Die Diktatur des Wohlfahrtsausschusses

Die innere und äußere Notlage - Unruhen in den meisten Departements, militärische Rückschläge im Frühjahr 1793 - waren dafür verantwortlich, dass der Konvent eine Reihe von Notstandsgesetzen beschloss. Ein „Revolutionstribunal", *tribunal révolutionnaire*, wurde am 10. März und der Wohlfahrtsausschuss, „*Comité de Salut public*", wurde am 6. April 1793 gegründet.[27]

Das Revolutionstribunal war ein Sondergericht für Prozesse gegen politische Gegner unter Aufsicht des Konvents. Der Präsident, Richter und Geschworene wurden vom Konvent ernannt und dieser behielt sich vor allem auch die Anklageerhebung vor; auf seine Urteile war keine Berufung möglich. Das Tribunal terrorisierte Royalisten, widerspenstige Priester und alle Feinde der Revolution auf brutalster Weise. Es sorgte in der Folge für Angst und Schrecken. Zahlreiche Verdächtige wurden hingerichtet.

Der Wohlfahrtsausschuss übernahm die wichtigsten Regierungsaufgaben. Er war mit Exekutivgewalt ausgestattet und hatte die Aufgabe, die Verwaltung des Staates zu überwachen, nach innen und außen zu koordinieren. Seine Mitglieder wurden monatlich gewählt. Die bekanntesten darunter waren G. Danton, L. A. Saint-Just, G. A. Couthon und L. N. Carnot.

Zuerst stand Danton an der Spitze der Executive für drei Monate. Aber die revolutionäre Führung unter ihm war relativ zögernd. Danton, „suchte ganz Frankreich gegen den äußeren Feind zusammenzuschließen, er wollte innerlich zusammenführen, versöhnen, nicht entschieden bekämpfen und verfeinden".[28] Deshalb wurde er bei der routinemäßigen Erneuerung des Wohlfahrtsausschusses

---

[27] http://universal-lexikon.deacademic.com: Französische Revolution, S. 3, Stand 7. 9. 2015
[28] Schulin, a. a. O., S. 210

am 10. Juli 1793, ausgebotet. Am 27. Juli wurde Maximilien de Robespierre, durch seine Zuwahl, Mitglied des Wohlfahrtsausschusses.

„Man rechnet von hier an die „Schreckenszeit". Es begann also die Zeit, die die Französische Revolution für später furchtbar gemacht hat und die so gern in Mittelpunkt ihrer Beurteilung wird."[29]

Die Beschlüsse des Wohlfahrtsausschusses mussten von der Mehrheit der Mitglieder unterzeichnet werden. Diese wurden überwiegend im Jakobinerklub vorbereitet. Robespierre setzte infolge seines hohen Ansehens unter den Revolutionären die politische Linie des Wohlfahrtsausschusses im Konvent durch.

„Die Jakobinerherrschaft lässt sich also als eine Diktatur des Wohlfahrtsausschusses beschreiben, dessen Beschlüsse durch den von der Bergpartei beherrschten Konvent abgesichert wurden".[30]

4.3 Der revolutionäre Terror

Die Zeit der organisierten Schreckensherrschaft kann vom 17. September 1793 an datiert werden. An diesem Tag beschoss der Konvent ein „Gesetz über die Verdächtigen."[31] Dieses Gesetz gab den neu eingerichteten Sicherheitsausschüssen die Vollmacht, Listen von Verdächtigen anzufertigen und die Ausstellung von Haftbefehlen zu beschließen.[32]

„Das neue, am 29. September 1793 erlassene Gesetz über ein Allgemeines Maximum, bedeutete eine Notdiktatur auf wirtschaftlichem Gebiet."[33] Es bestimmte Höchstsätze sowohl für Warenpreise wie für Löhne, einheitlich für ganz Frankreich; wer dagegen verstieß, geriet auf die Liste der Verdächtigen und wurde bestraft, meist mit dem Tode. Ein streng organisierter Polizeiapparat sorgte für ein reibungsloses Funktionieren. Dafür sorgte der Sicherheitsausschuss, der wiederum unter Kontrolle des Wohlfahrtsausschusses stand.

---

[29] ebd.
[30] Kuhn, a. a. O., S. 112
[31] ebd.
[32] Markov / Soboul, a. a. O., S. 192
[33] Schulin, a. a. O., S. 212

Am leidenschaftlichsten forderte die Bestrafung der Feinde der Freiheit, der Verräter, Gegenrevolutionäre und Kriegsspekulanten, der Anwalt Louis Antoine de Sant Just, Mitglied des Wohlfahrtsauschusses und wichtigster Verbündeter von Robespierre, auch als „Todesengel der Revolution" genannt:

„Es ist kein Glück zu hoffen, solange der letzte Feind der Freiheit atmet, man muss nicht nur die Verräter bestrafen, sondern auch die Gleichgültigen, jeden, der passiv ist und nichts für die Revolution tut."[34]

Der Wohlfahrtsausschuss besetzte auch das Revolutionstribunal neu, das unter der Führung von Danton nur zögernd und langsam arbeitete. Um die Arbeit des Tribunals zu beschleunigen wurde vom Konvent ein weiteres Gesetz erlassen. Damit konnten die Verhandlungen in drei Tagen abgeschlossen werden, ohne dass sich die Angeklagten verteidigen konnten. Das öffnete den Massenhinrichtungen Tür und Tor.[35] Während das Revolutionstribunal bis September 1793 von 260 Angeklagten ein Viertel zu Tode verurteilt hatte, waren es in den letzten drei Monaten des Jahres 177 von 395. Die Zahl der Gefangenen in Paris stieg von 1500 Ende August auf 4525 am 21. Dezember.[36] Am 30. Oktober 1793 verurteilte das Revolutionstribunal die führenden 21 Girondisten zum Tode. Tags darauf starben „Die Einundzwanzig" unter der Guillotine mit der „Marseillaise" auf den Lippen.[37] Eines der Opfer, Pierre Vergniaud, sagte vor seiner Hinrichtung: „Die Revolution, gleich Saturn, frisst ihre eigenen Kinder."[38]

Mit den Girondisten wurde die gesamte gemäßigte föderalistische Bewegung zerstört. Am brutalsten geschah das in den Städten Marseille, Bordeaux und Lyon, wo die Bewegung am stärksten war.

In Marseille wurden etwa 800 Personen guillotiniert. Weil die Stadt englische Truppen zu Hilfe gerufen hatte, sollte sie geächtet werden und künftig „Stadt ohne

---

[34] ebd.
[35] Schulin, a. a. O., S. 213
[36] Markov / Sobuol, a. a. O., S. 212
[37] Sontheimer, a. a. O., S. 104
[38] Revolution im Zeugenstand. Markov, Walter, Frankreich 1789-1799, Bd. I, 362, zitiert aus Schulin, a. a. O., S. 213

Namen" heißen.[39] In Bordeaux wurden an die 4000 Bürger verhaftet und 300 Personen hingerichtet.

Lyon, das Zentrum des Bürgerkrieges im südlichen Frankreich, konnte von den Regierungstruppen erst nach einer Belagerung von 66 Tagen erobert werden. In den folgenden sechs Monaten wurden nahezu 2000 Todesurteile vollstreckt. Das geschah vor allem unter dem Kommando von Joseph Fouché, der spätere Polizeiminister Napoleons. Die Guillotine war nicht schnell genug, darum ließ man die Opfer vor die von ihnen geschaufelten Gräber stellen, zusammenbinden und mit Kanonen zerfetzen. Am 12. Oktober befahl der Konvent, die Häuser der Reichen abzureißen und Lyon *„Ville Affranchie"* („Befreite Stadt") zu nennen.[40]

Am blutigsten verlief der Bürgerkrieg im Westen des Landes, in der Vendée. Der Vendée-Aufstand begann bereits, wie im Abschnitt 4.1 erwähnt, im Februar 1793. Die Niederschlagung des Aufstandes dauerte insgesamt über ein Jahr und war am grausamsten. Nachdem Bauern und Royalisten nach anfänglichen Erfolgen mehr als 500 Anhänger der Republik umgebracht hatten, nahm der Konvent furchtbare Rache. Gefasste Aufständische mit der Waffe in der Hand wurden standrechtlich erschossen. In Nantes wurden Hinrichtungen ohne Urteil durch Massen-ertränkungen in Kähnen auf der Loire durchgeführt, wobei im Dezember 1793 und Januar 1794 bis zu 3000 Menschen umkamen. Um einer erneuten Rebellion vorzubeugen, brannten sie systematisch alle Ortschaften und Höfe, alle Wälder und Hecken nieder.[41]

Es glich einem Wunder, dass die Revolutionsregierung innerhalb von vierzehn Monaten das ganze Land unter Kontrolle gebracht hatte. Denn im Juni 1793 war das Land noch vom Bürgerkrieg zerrissen. Rund drei Viertel der französischen Departements revoltierten gegen die Jakobinerherrschaft. Das Land war bankrott. Die Armeen der Deutschen marschierten im Norden und Osten ein; die Briten griffen im Süden und Westen an. "Das revolutionäre Frankreich schien ein Koloss auf tönernen Füßen zu sein, der kurz vor dem Zusammenbruch stand."[42]

---

[39] Sontheimer, a. a. O., S.105
[40] Schulin, a. a. O., S. 214
[41] ebd.
[42]Wagner, Michael: Revolutionskriege und revolutionäre Außenpolitik, in: Reichardt, Rolf (Hrsg.): Die Französische Revolution, Köln, 2012, S. 144

Um diese tödliche Bedrohung zu meistern, versuchte der Konvent sämtliche Ressourcen der Nation zu mobilisieren und führte am 23. September 1793 eine Art allgemeine Wehrpflicht, *„Levée en masse„* (Massenaushebung) ein. Hinter dieser Parole verbarg sich die Einführung der Wehrpflicht für alle Witwer und Unverheiratete zwischen 18 und 25 Jahren. Die Maßnahme ermöglichte dem Wohlfahrtsausschuss bis zum Sommer 1794 eine ca. 800 000 Mann starke Armee zu mobilisieren.

Die *Levée en masse* traf vielerorts auf entschiedenen Widerstand, der von Scheinehen über Kriegsdienstverweigerung und Desertation bis zum bewaffneten Widerstand ging. Trotzdem führte sie insgesamt zu einem großen Erfolg, der zu einem wesentlichen Teil für die Wende des Krieges zu Gunsten Frankreichs mitverantwortlich war.[43] Ganz Frankreich befand sich unter der Herrschaft einer zentralen jakobinischen Regierung, es gab zwar noch zahlreiche Gruppen innerer Opposition, aber sie waren für den Bestand der Republik ungefährlich.[44] Die Währung war stabil, und die fremden Heere standen wieder jenseits der französischen Grenzen.[45]

4.4 La Terreur

Nachdem die Gefahren für die Revolutionsregierung gebannt und die Girondisten ausgeschaltet waren, waren im Konvent in der Mehrheit nur noch Jakobiner vertreten. Diese spalteten sich aber immer mehr in verschiedene Fraktionen. Es gab die Gruppe um Danton, die um Robespierre und die um Hébert.[46]

Der Journalist Jacques René Hébert und seine radikalen Unterstützer, die „Wütenden", *Enragés*,[47] waren für eine Verschärfung der *„Terreur"* eingetreten. Sie führten eine rabiate Kampagne gegen die Kirche, die sie als organisatorisches Rückgrat der internen und externen Konterrevolution ansahen. Auf ihr Betreiben wurde die christliche Lehre durch den Kult der Vernunft, *Culte de la Raison*, der von Beginn an auf Widerstand in der breiten Bevölkerung traf, ersetzt. Zu den

---

[43] Wagner, a. a. O., S. 146 f
[44] Schulin, a. a. O., S. 218
[45] Kuhn, a. a. O., S. 116
[46] Schulin, a. a. O., S. 222
[47] Reichardt, Rolf: Die Französische Revolution, Köln, 2012, S. 85

ernsthaften Gegnern gehörte vor allem Robespierre. Auch Danton sprach von „antireligiösen Maskeraden".[48]

Danton und seine Anhänger plädierten nach der Abwehr der gegenrevolutionären Angriffe von außen und innen für ein Ende des Terrors und dafür, eine große Anzahl von Verdächtigen freizulassen. Man nannte sie deshalb die „Nachsichtigen", *indulgents*.

Die Gruppe um Robespierre wollte dagegen die Revolution weiter vorantreiben, aber nicht so zügellos wie die Hébertisten, aber glaubten dies nur mit Terror tun zu können.[49]

Dann wurden die beiden konkurrierenden Parteien kurz nacheinender vernichtet. Der Wohlfahrtsauschuss, in dem Robespierre die Fäden zog, ließ Mitte März 1794 Hébert und 19 seiner Anhänger verhaften und hinrichten. Anfang April wurden Danton und seine Anhänger verhaftet und am 5. April 1794 hingerichtet. Die Zeit danach nennt man auch die Diktatur Robespierres.[50]

Nach dem Tod Dantons, wurde auf Betreiben Robespierres am 7. Mai 1794 per Dekret der „Kult des Höchsten Wesens", *Culte de l´Etre suprème*, eingesetzt. Am 8. Juni 1794, wurde unter Leitung Robespierres, als „Hohepriester",[51] mit dem Motto „Das französische Volk anerkennt das Höchste Wesen und die Unsterblichkeit der Seele" eingeweiht. Der Kult der Vernunft wurde durch den Staatskult des „Höchsten Wesens" ersetzt. Der Kult, insbesondere der Festakt, stieß auf beträchtliche Ablehnung. Nicht wenige Pariser argwöhnten, der Machtrausch hätte Robespierre größenwahnsinnig gemacht und er wollte sich womöglich zum neuen König krönen. Nachdem die rivalisierenden Fraktionen beseitigt und vernichtet waren, gab es eine Krise des Wohlfahrtsausschusses.

"Der Terror schien nun deutlich nicht mehr notwendig zu sein, angesichts der Vernichtung des inneren Feindes und der großen Siege über den äußeren Feind."[52]

---

[48] https://de.wikipedia.org.: Kult der Vernunft, Stand 05.10. 2015
[49] Sontheimer, a. a. O., S. 105f
[50] Schulin, a. a. O., S. 222
[51] Reichardt, a. a. O., S. 85
[52] Schulin, a. a. O., S. 224

Aber Robespierre, der „Unbestechliche" sah immer wieder Korruption um sich herum und witterte überall Verschwörungen und steigerte die *Terreur* in den letzten sieben Wochen der Jakobinerdiktatur zur „*La Grande Terreur*".[53]

Am 10. Juni 1794 wurde das „Gesetz vom 22. Prairial" (22.Prairial II nach dem Französischen Revolutionskalender) erlassen, das die Verurteilung und Hinrichtung von Gegnern der Revolution erleichtern und beschleunigen sollte. Das Revolutionstribunal wurde vom Konvent entsprechend reorganisiert. Ab da rollten täglich die Köpfe. In Paris fanden in der ganzen Zeit vorher insgesamt 1251 Hinrichtungen statt. Von da ab, in 49 Tagen bis zum 27. Juli 1794 (9.Thermidor), gab es 1376. Der Terror hatte sich in den letzten Monaten verselbständigt, er war nur noch als Mittel der Machterhaltung und teilweise zur Beseitigung persönlicher Gegner und Rivalen missbraucht worden.

Der Wohlfahrtsauschuss verlor gegenüber der zunehmenden „*Grande Terreur*" die Nerven. Niemand konnte sich mehr sicher fühlen. Robespierre war auf eine weitere Verschärfung des Terrors aus. Er spielte auf Verräter an, deren Namen er nicht nennen wollte und kündigte eine neue Säuberungswelle an. Nun konnte jeder im Konvent betroffen sein.[54]

Die Konventsmehrheit, selbst immer mehr vom Terror bedroht, wagte es schließlich am 27. Juli 1794 (9. Thermidor), sich gegen Robespierre zu erheben, um ihn und seine 21 engsten Anhänger ihrerseits noch im Konvent zu verhaften und am nächsten Tag ohne Verhandlung und ohne Urteil guillotinieren zulassen.[55] In den nächsten Tagen folgten weitere 81 Anhänger, vor allem aus den Pariser Sektionen.[56]

„Bis zum Ende des Jahres lässt der Konvent die Klubs der Jakobiner schließen, die politischen Gegner kommen frei. Die dirigistischen Maximallöhne und- preise werden wieder abgeschafft. Das Pendel der Revolution schlägt zurück."[57]

Mit der „bürgerlichen Republik" oder auch „Direktorium" genannt, begann die dritte Phase der Französischen Revolution.

---

[53] ebd.
[54] https://de.wikipedia.org: Maximilien de Robespierre, S. 4, Stand 10.10.2015
[55] Reichardt, a. a. O., S. 87
[56] Schulin, a. a. O., S. 225
[57] Sontheimer, a. a. O., S. 107

5. Historische Beurteilung der Schreckensherrschaft der Jakobiner

Die Geschichtschreibung über die Französische Revolution ist von Anfang an und auch noch zweihundert Jahre nach ihren Geschehnissen in starkem Maße von weltanschaulichen - politischen Richtungen geprägt - „ je nachdem auf welche Seite der Barrikade sich der Betrachter stellt."[58]

Axel Kuhn, ein bedeutender deutscher Revolutionsforscher, hat aus mehr als 200 Jahren Revolutionsforschung drei Interpretationsmuster der Französischen Revolution entwickelt: ein konservatives, ein liberales und ein sozialistisches.[59]

Die konservative Auseinandersetzung mit der Revolution begann bereits während und kurz nach der Revolution, angeführt von dem militanten Gegner der Revolution Edmund Burke und von Alexis de Tocqueville. Die Kernaussage von Burke in seinem Werk von 1790, *Reflections on the Revolution in France*, lautet: Die Revolution war nicht nötig. Schrittweise Reformen hätten auch das Ende der Monarchie bedeutet. Auf Grundlage dieser Analyse formulierten andere konservative Historiker die Verschwörungsthese, die Revolution wurde nicht von unzufriedenen Massen, sondern von aufgeklärten Intellektuellen und Freimaurern herbeigeführt,[60] die schließlich zur Terrorherrschaft der Jakobiner führte. Auch Tocqueville war in seiner Untersuchung, *L`Ancien Regime et la Révolution*, 1856, der Meinung, dass die Modernisierung der Gesellschaft auch ohne Revolution stattgefunden hätte.[61] Er äußerte sich kritisch über den Kontrast zwischen der Menschenfreundlichkeit der Theorien und der Wildheit der Taten im Jahr der Schreckensherrschaft.

Die Autoren der liberalen Revolutionsgeschichtsschreibung beurteilen die Französische Revolution wesentlich positiver, vor allem die ersten drei Jahre. Sie halten aber die Herrschaft der Jakobiner für eine „Entgleisung", von der sich die Revolution erst wieder in der Zeit nach dem Sturz Robespierres erholt hat.[62]

Bezeichnend für die Autoren des Typus liberaler Interpretation sind allerdings die Suche nach Ursachen und Hintergründen, die zum *Terreur* geführt haben.

---

[58] Markov / Soboul, a. a. O., S. 279
[59] Kuhn, a. a. O., S.186
[60] Kuhn, a. a. O., S.187
[61] ebd.
[62] Kuhn, a. a. O., S. 188

Treffend stellt Ernst Schulin, einer der namhaften deutschen Vertreter der Geschichtsschreibung der Französischen Revolution fest: „Die *Terreur* ist nur zu verstehen als Antwort auf innere und äußere Bedrohung der Revolution."[63] Historiker der neueren Revolutionsforschung vertreten diese Auffassung. Das heißt, die *Terreur* muss in Zusammenhang mit der Situation, in der sie sich ereignet hat, gesehen werden. Es ging um das Schicksal der Revolution und es galt die tödlich bedrohte Republik zu verteidigen. Die jakobinische Mehrheit des Konvents hatte die Wahl:

„entweder die *Terreur* mit allen Mängeln und Grausamkeiten - oder die Vernichtung der Revolution, die Zerstörung des Nationalstaats und möglicherweise (…..) eine Verkleinerung des französischen Territoriums."[64]
Die *Terreur* war also eine vorübergehende Notmaßnahme zu Sicherung der Republik; sie entstand aus den Erfordernissen des Bürgerkrieges und des Krieges gegen die europäischen Monarchien.[65]
Einig ist man sich unter den Revolutionsforschern, dass sich die *Terreur* gegen Ende der Jakobinerherrschaft verselbständigte und das Prairialgesetz zur Verteidigung der Revolution nicht mehr nötig war. Es diente offensichtlich nur als Mittel der Machterhaltung der Robespierristen und zur Beseitigung persönlicher Gegner und Rivalen.

In der sozialistischen Interpretation bildet die Jakobinerherrschaft nicht eine „Entgleisung", sondern vielmehr den Höhepunkt der Revolution und der Terror wird gerechtfertigt. „Die gewaltigen Kriegskosten beschleunigten, ungeachtet aller gegenteiligen Bemühungen die Inflation, und die angespannte Wirtschaftslage machte ihrerseits die volle Aufrechterhaltung des Terrors nach Auffassung der Ausschüsse unvermeidlich."[66]

Zu den bedeutendsten sozialistischen Revolutionsforschern zählen der Franzose Albert Soboul und der deutsche Historiker Walter Markov. Nach ihrer Ansicht verdankte die Revolution dem opferwilligen Einsatz des Volkes ihr Fortschreiten

---

[63] Schulin, a. a. O., S. 210
[64] Kuhn, a. a. O., S. 116
[65] Kuhn, a. a. O., S. 114
[66] Markov / Soboul, a. a. O., S. 246

bis zu ihrem Höhepunkt, dem Jakobinerstaat.[67] Sie sahen in den Volksmassen, also den Sansculotten, die wichtigste Schub- und Triebkraft der Revolution:

„Die Sansculotten holten die Entscheidung dreimal aus dem Feuer. (…). Sie räumten, mit der Bastille das *Ancien Régime* fort, beim Sturm auf die Tuilerien die Monarchie und mit der Zernierung des Konvents die Halbheiten der Gironde. Auf ihren starken Armen trugen sie die Diktatur des Großen Wohlfahrtsausschusses."[68]

---

[67] Markov / Soboul, a. a. O., S. 278
[68] ebd.

Literaturverzeichnis

Primärliteratur

Kuhn, Alex: Die Französische Revolution, Stuttgart, 1989

Markov, Walter/Soboul, Albert: Die Große Revolution der Franzosen, Köln 1989

Reichardt, Rolf: Die Französische Revolution, Köln, 2012

Schulin, Ernst: Die Französische Revolution, München, 1988

Wagner, Michael: Revolutionskriege und revolutionäre Außenpolitik, in:Reichardt, Rolf (Hrsg.): Die Französische Revolution, Köln, 2012

Zeitschriftenaufsätze

Sontheimer, Michael: Die Revolution frisst ihre Kinder, in: Spiegel Geschichte 1/2010

Konversationslexikon

Cordeliers, in: Meyers Konversations – Lexikon, Bd.4, Leipzig, 1886

Jakobiner, in. Brockhaus Die Enzyklopädie, Bd.11, Leipzig; Mannheim, 1996

Internetquellen

http://universal_lexikon.deacademic.com: Französische Revolution, Stand 10.07.2015

https://de.wikipedia.org: Maximilien de Robespierre, Stand 10.10.2015

https://de.wikipedia.org: Kult der Vernunft, Stand 05.10.2015

Anhang

http://de.universal_lexikon.deacademic.com: Französische Revolution, Seite 2/3

http://de.wikipedia.org: Maximilien Robespierre, Seite 4

http://de.wikipedia.org: Kult der Vernunft, Seite 2